MANUEL DE PROCÉDURE DISCIPLINAIRE

Guide pratique

Ordre National des Médecins du Sénégal en juridiction disciplinaire

Les étapes de la procédure et les opérations administratives

Cheick Atab BADJI

MANUEL DE PROCÉDURE DISCIPLINAIRE

Guide pratique

Ordre National des Médecins du Sénégal en juridiction disciplinaire

Les étapes de la procédure et les opérations administratives

Préface de M. Yakham B. A. K. LEYE

Sénégal
L'Harmattan

10 VDN, Sicap Amitié 3, Lotissement Cité Police, DAKAR

direction@senharmattan.com
commandes@senharmattan.com

ISBN : 978-2-336-48481-5
EAN : 9782336484815

Remerciements

Je tiens à remercier vivement le magistrat Yakham LÈYE pour son apport inestimable à cette œuvre. Intellectuel émérite, il a fait preuve d'une grande rigueur dans la relecture de cet ouvrage qu'il a pris le temps de bien lire et de bien corriger, en dépit de son agenda fort chargé. Avec la qualité indéniable de son apport qui reflète toute l'épaisseur intellectuelle de cet illustre professionnel du droit, la règle est encore sauve: la générosité est la marque des grands érudits. Lors de son passage à l'Ordre National des Médecins du Sénégal à titre de Conseiller juridique et Président des Formations disciplinaires, je peux témoigner de son concours inestimable dans la qualité des débats au sein de cette illustre institution ordinale dont il a aidé à éclairer bien des décisions. Je lui exprime ma profonde gratitude !

Dédicaces

Ce travail est dédié à tous ceux qui, de près ou de loin, ont contribué à sa réalisation.

- Mention spéciale à la grande école qu'est l'ISM, à son équipe pédagogique, notamment aux docteurs G. Nd. Samb et M. W. Diop, au brillant Professeur L. Mbengue pour les pertinentes recommandations, voire impérieuses directives, de soumettre cette réflexion[1] à la corporation.
- Mention toute spéciale à tous les collègues conseillers, d'hier et d'aujourd'hui.
- Aux distingués présidents et aux illustres membres du Conseil national de l'Ordre National des Médecins du Sénégal avec qui j'ai eu l'honneur de partager cette prestigieuse institution, et de qui j'ai énormément appris.
- Enfin Mention bien spéciale à mes proches, pour avoir autorisé par leur compréhension, la rédaction de cet ouvrage qui fut, à bien des égards, chronophage.

---

[1] Mémoire MBA Audit Contrôle de Gestion et Aide à la Décision, Mise en place d'un Manuel de Procédures disciplinaires : Cas de l'Ordre National des Médecins du Sénégal, Mai 2024, ISM Dakar.

Préface

L'exercice de la profession médicale est encadré au Sénégal, depuis l'indépendance, par la loi n°66-69 du 04 juillet 1966, relative à l'exercice de la médecine et à l'Ordre des Médecins. Cette loi prévoit notamment, en son article 23, relatif à la composition du Conseil national de l'Ordre des médecins, qu'un magistrat du siège exerce les fonctions de Conseiller juridique de cet organe et de président des formations disciplinaires. Le chapitre IV relatif à la discipline renvoie, quant à lui, à un décret pour préciser la procédure à suivre devant le Conseil national de l'Ordre, siégeant en formation disciplinaire.

Il est toutefois symptomatique de relever qu'il a fallu attendre jusqu'en 2018, soit plus de cinquante ans, avec l'avènement du décret n°2018-98 du 16 janvier 2018, pour que cette procédure soit définie. C'est dire donc que depuis l'entrée en vigueur de la loi n°66-69 précitée, aucun médecin n'a fait l'objet de poursuites disciplinaires alors que ce ne sont certainement pas les violations des devoirs professionnels ou des règles édictées par le Code de déontologie qui ont manqué, durant toutes ces années. On voit donc tout le mérite du Docteur Cheick Atab BADJI, qui a fait le pari de rédiger un guide, sous la forme d'un manuel de procédure disciplinaire qui servira à la fois à tous ceux qui seront appelés à officier au sein des formations disciplinaires du Conseil national de l'Ordre mais aussi à tous les médecins qui auront à comparaître devant ces organes.

Ainsi, pour les membres des formations disciplinaires, il retrace dans cet ouvrage les différentes étapes de la procédure disciplinaire, à savoir notamment la saisine de la juridiction disciplinaire, l'instruction, la phase de jugement et le recours.

Dans un souci pédagogique, le Docteur BADJI a poussé la recherche de la perfection jusqu'à mettre à disposition des modèles de courriers ou d'actes mais aussi à préciser les vices à éviter.

Pour les médecins traduits devant ces formations, l'auteur leur indique également les droits que le Législateur leur reconnaît aux différents stades de la procédure, les sanctions encourues ainsi que les recours possibles.

Le mérite du Docteur BADJI est d'autant plus grand qu'il n'est pas un professionnel du droit.

Ayant assuré de 2018 à 2021, en tant que magistrat, la fonction de conseiller juridique de l'Ordre national des Médecins du Sénégal, je suis bien placé pour témoigner de son intérêt, sa passion j'allais dire, pour le droit. Cet intérêt se manifestait même par une proximité physique puisqu'au cours des réunions ou des activités de réflexion organisées par l'Ordre, il était toujours mon voisin et ne manquait aucune occasion pour m'interpeler sur des concepts ou des subtilités juridiques que seul un juriste avisé, était censé pouvoir appréhender.

Je n'ai pas été surpris d'apprendre que sa bibliothèque comptait autant de livres de médecine que de manuels de droit et que sa passion pour les sciences juridiques et politiques l'avait conduit à passer un master en sciences politiques, géopolitiques et relations internationales. Cette passion pour le droit, vécue par le Docteur BADJI, n'est pas sans rappeler HEGEL qui affirmait que « Rien de grand ne se fait sans passion ».

Ce profil « atypique » justifie certainement que ce manuel ait été rédigé dans un style fluide, précis et un vocabulaire très accessible, y compris pour les non-juristes, mais aussi qu'il ait réussi la prouesse de prendre en charge toutes les préoccupations de ceux qui s'intéressent à la procédure disciplinaire applicable aux médecins. Je suis persuadé que les praticiens de la Médecine de tous ordres pourront trouver dans ce manuel des informations importantes.

Par conséquent, je le recommande vivement à tous les acteurs de la grande famille médicale et lui souhaite tout le succès qui doit lui revenir.

Yakham B.A.K. LEYE

Magistrat

Avant-propos

La forme et la procédure sont à l'acte administratif ou juridique, ce que l'asepsie est à l'acte opératoire. Vu sous cet angle, le médecin auquel ce présent guide est dédié, comprendra aisément l'importance souvent négligée du « quoi et comment faire » dans le quotidien administratif. L'Ordre des médecins, en tant qu'ordre professionnel, est garant de l'exercice de la médecine. Il a ainsi la mission de veiller à la bonne marche de la pratique médicale et au respect par les praticiens des normes édictées. Il dispose, comme tous les ordres professionnels, d'un **pouvoir disciplinaire** qui lui donne compétence pour sanctionner les manquements.

L'enjeu est de taille. Il s'agit souvent d'arbitrer entre des intérêts divergents ou plutôt de statuer sur des prétentions de tiers qui ne sont pas souvent sans conséquences sur une certaine trajectoire professionnelle. Cette mission qui place l'Ordre National des Médecins du Sénégal au cœur du contentieux médical doit être basée sur des outils concis, clairs et précis. Dans ce qu'il est convenu de faire, tout se fera par celui qui est appelé à le faire, pas par un autre; et quand il est appelé à le faire, cela ne devra être ni avant ni après, car ici le délai est le gendarme du moment ; comment cela se doit d'être fait ne saurait être autrement. La sanction devient alors quasi chirurgicale, une décision ou un acte cliniquement aseptisé, à l'abri de toute complication que génèreraient ces opérations administratives, au point de compromettre l'acte opéré, ici, la décision. L'exercice est certes exaltant, mais exigeant : l'exigence d'un effort de penser, de réfléchir et d'agir dans un esprit et un cadre dits de légalité. Ce guide concourt à un tel objectif. Seuls le temps et l'exercice de la pratique en restent la voie privilégiée vers un usage parfait et efficient.

Il s'agit, à travers de modèles rédactionnels, d'essayer de minimiser les écarts préjudiciables des mots, mal choisis ou mal placés, mais aussi d'essayer d'harmoniser en vue d'en améliorer constamment la qualité, à la lumière des manquements antérieurs. Un répertoire de base parait important pour pallier les insuffisances éventuelles d'ordre humain, la capacité rédactionnelle n'étant pas universellement identique. D'où sa place centrale dans ce présent Manuel, qui se veut guide pratique, dans un environnement de renouvellement constant de l'équipe de mise en œuvre.

Son utilité espérée, c'est sans nul doute de contribuer à la bonne marche d'une mission essentielle de cette institution de grande importance qu'est l'Ordre National des Médecins du Sénégal : la mission juridictionnelle. La nécessité de faire de cette « juridiction administrative spécialisée » dans ce secteur très sensible des soins, un organe juridictionnel fort, reste par ailleurs un bonus pour la communauté, la profession, mais aussi le juge judiciaire dont la forte pression des sollicitations en serait grandement atténuée et sans une efficacité moindre.

L'intérêt de ce guide pour l'Ordre National des Médecins du Sénégal qui, selon la loi, est la plus haute autorité en matière médicale, parait vif. Ce *Manuel de procédure disciplinaire,* comme support opérationnel des dispositions du décret n° 2018-98 relatif à la procédure devant le Conseil national de l'Ordre des médecins, siégeant en qualité de juridiction disciplinaire, soulève deux aspects qui en définissent à la fois la pertinence et l'opportunité :

- L'Ordre, en tant qu'instance professionnelle, est composé presque exclusivement de médecins dont la compétence essentielle reste la pratique médicale, et dont la connaissance des procédures juridico-administratives relève des acquisitions hors cursus. En plus, l'accès aux instances se fait par élections, donc sur la base d'une volonté exprimée sans toutefois garantir le potentiel en matière de compétence en gestion administrative et financière. Cela laisse souvent la place, en dehors d'un manuel précis, complet et dynamique des procédures, à des risques importants de manquements non sans conséquences. D'où la pertinence d'un tel outil.

-L'opportunité de ce guide s'explique, entre autres, par le contexte social marqué par l'émergence d'une patientèle de plus en plus exigeante en matière de qualité de service de soins. D'où la nécessité d'avoir un document de bord afin d'éviter tout pilotage à vue pour une institution de cette envergure, de plus en plus appelée, par les citoyens, à se prononcer sur les manquements supposés de ses membres.

Secondairement nous avions constaté que depuis sa mise en place, aucune trace de sanction disciplinaire n'a été notée de façon évidente dans les registres de l'Ordre. Ce manquement est imputable non pas à l'absence de cas mais à l'inexistence, jusqu'à un passé récent, notamment en 2018, du décret d'application de la loi n°66-69, prévu en son article 44, qui dispose : « *un décret précisera la procédure suivie devant le Conseil national de l'Ordre, siégeant en qualité de juridiction disciplinaire* ». Et même depuis cette date, la situation est restée inchangée malgré la propension à la saisine de l'Ordre, du fait certainement de l'absence de procédure claire de saisine et de mise en œuvre des procédures. Ceci justifie toute la pertinence et l'opportunité de cette initiative.

Par ailleurs, force est de constater que jusqu'à récemment, notamment en décembre 2022, il n'existait pas de manuel de procédures permettant d'apprécier la « compliance » des actions ordinales aux normes administratives et financières. Et le document tenant lieu de Manuel de procédures administratives occulte de façon notoire le point nodal de l'activité ordinale : la procédure en matière disciplinaire, qui est l'un des attributs essentiels de cet ordre professionnel.

Ainsi, dans le souci de présenter un outil pratique, nous avons subdivisé la procédure en différentes étapes ici appelées cycles. Il s'agit :

-Cycle -1 : la saisine de la juridiction disciplinaire

-Cycle -2 : instruction du dossier et rédaction du rapport d'accusation

-Cycle -3 : comparution et sanction disciplinaire

-Cycle -4 : recours

Pour chaque cycle, nous avons procédé de la manière suivante :

-Présentation du cadre juridique spécifique avec les référentiels législatifs et réglementaires-

-Description des étapes de la séquence de procédure administrative et des outils y afférents-

-Identification des acteurs clés de la procédure-

-Énumération des documents clés de la procédure en vue d'une check-list dynamique ;

-Mention des vices majeurs à éviter.

En définitive, ce guide n'aura qu'un mérite, un seul : celui d'exister ! Avec une certitude : celle d'être imparfait.

CHAPITRE 1

PRÉSENTATION DU CADRE LÉGISLATIF ET RÉGLEMENTAIRE

A. LE CADRE LÉGISLATIF :

Le cadre général législatif est défini par les dispositions de la loi n°66-069 du 4 juillet 1966 relative à l'exercice de la médecine et à l'Ordre des médecins qui consacre l'organisation et le fonctionnement de l'Ordre national des médecins du Sénégal. Ainsi, en son article 15, il dispose notamment que « *l'Ordre des Médecins est la plus haute autorité professionnelle en matière médicale. Il veille au maintien des principes de moralité, de qualité et de dévouement indispensables à l'exercice de la médecine, tant public que privé. Il veille aussi à l'observation, par tous ses membres des devoirs professionnels et des règles édictées par le code de déontologie...* ».

S'agissant des formations disciplinaires chargées de connaître des manquements auxdites règles, l'article 20 de la loi précitée les énumère parmi les organes de l'Ordre des médecins à côté des Conseils de section, du Conseil national de l'Ordre et du Président de l'Ordre.

L'article 25 précise leur composition qui varie selon que la formation disciplinaire est appelée à donner son avis sur une sanction à appliquer à un médecin relevant de la section A ou lorsqu'elle siège en tant que juridiction en vue de statuer sur les poursuites contre un médecin relevant de la section B.

Dans les deux cas, elle est présidée par le magistrat du siège, exerçant les fonctions de Conseiller juridique de l'Ordre National des Médecins du Sénégal.

Le mode de saisine est réglé par l'article 44 de la même loi qui dispose que « *le droit de déférer un médecin au conseil national de l'Ordre siégeant en formation disciplinaire appartient au Ministre chargé de la santé publique et au Conseil de le section B. Ces autorités peuvent agir d'office ou sur la plainte d'un tiers.* »

Les sanctions encourues par les médecins ayant comparu devant les formations disciplinaires sont énumérées par l'article 45 de la loi n°66-69 du 04 juillet 1966.

Il s'agit de l'avertissement, du blâme avec inscription au dossier, de l'interdiction temporaire d'exercer la profession pour une période de trois mois à deux ans et de l'interdiction définitive d'exercer la profession.

Toutefois l'article 44 de la même loi dispose qu' « *un décret précisera la procédure suivie devant le Conseil national de l'Ordre siégeant en qualité de juridiction disciplinaire.* » Ledit décret, pris en application de cette loi sus évoquée de 1966, n'interviendra qu'en 2018, soit plus de cinquante ans plus tard, à travers le Décret n° 2018-98, relatif à la procédure devant le Conseil national de l'Ordre des médecins siégeant en qualité de juridiction disciplinaire.

B. LE CADRE RÉGLEMENTAIRE

Il renvoie d'abord au Décret n° 67-147 du 10 février 1967 instituant le Code de déontologie médicale, qui porte sur les devoirs généraux des médecins, les devoirs des médecins envers les malades, les devoirs en matière de médecine sociale, le devoir de confraternité et les devoirs des médecins envers les membres des professions paramédicales.

En dehors de ce texte, le cadre réglementaire est pour l'essentiel, circonscrit par le décret d'application de la loi n°66-69, plus précisément le **Décret n° 2018-98** du 16 janvier 2018 relatif à la procédure devant le Conseil national de l'Ordre des médecins siégeant en qualité de juridiction disciplinaire.

Prévu par l'article 44 de la loi n° 66-69, ledit décret n'interviendra qu'en 2018, soit cinquante (50) ans plus tard.

Il comporte 18 articles et dont la teneur se présente comme suit :

Article premier. - Le présent décret pris en application de l'article 44 de la loi n°66-69 du 04 juillet 1966 relative à l'exercice de la médecine et à l'Ordre des médecins, fixe la procédure suivie devant le Conseil national de l'Ordre des médecins siégeant en qualité de juridiction disciplinaire.

Article 2.- Tout médecin relevant de la Section B de l'Ordre peut être déféré au Conseil national de l'Ordre siégeant en formation disciplinaire :

-s'il a commis un acte contraire aux règles de la déontologie professionnelle ou à la présente loi ;

-s'il a été condamné par une juridiction pénale pour un crime ou un délit autre qu'une infraction politique ;

-s'il a commis un acte contraire à l'honneur ou à la probité ou s'il a une conduite habituelle incompatible avec la dignité professionnelle.

Article 3.- Le droit de déférer un médecin inscrit au tableau de la Section B au Conseil national de l'Ordre siégeant en formation disciplinaire appartient au Ministre chargé de la Santé et au Conseil de la Section B.

Ces autorités peuvent agir d'office ou sur la plainte d'un tiers sur dénonciation.

Article 4.- Les formations disciplinaires sont présidées par le magistrat du siège, visé à l'article 23 de la loi n° 66-69 du 04 juillet 1966 qui a une voix délibérative.

Article 5.- Le conseil de section auquel est inscrit le médecin est compétent pour recevoir la plainte.

Article 6.- Toute plainte déposée au Conseil de section est enregistrée à la date de sa réception. Un numéro lui est attribué et un accusé de réception est délivré.

Article 7.- Le Président de la Section B informe immédiatement le mis en cause par tous moyens laissant trace écrite.

Article 8.- Aucune sanction disciplinaire ne peut être prononcée sans que le médecin mis en cause n'ait été entendu au préalable.

La procédure est écrite, contradictoire, non publique.

Article 9.- Le Président de la section B informé choisit un rapporteur parmi les membres du Conseil lorsqu'il siège en formation disciplinaire conformément à l'article 25 de la loi n°66-69 précitée.

Article 10.- Le rapporteur est habilité à procéder, si nécessaire, à un complément d'informations en auditionnant le mis en cause ou en procédant à toute investigation utile.

Article 11.- Le médecin mis en cause est convoqué à une date indiquée, par lettre recommandée avec accusé de réception.

La convocation mentionne les faits imputés et leur qualification.

Article 12.- Le médecin a droit à la communication intégrale de son dossier quinze (15) jours au moins avant sa comparution devant le Conseil de l'Ordre.

Article 13.- Tout médecin convoqué est tenu de se présenter personnellement.

Il a le droit de se faire assister par un pair ou un conseil de son choix.

En cas d'empêchement reconnu et justifié, il peut demander un report de date, ou se faire représenter par un pair ou un conseil de son choix.

Article 14.- Au jour fixé par la convocation et après lecture du rapport, le médecin mis en cause est invité à fournir ses explications et moyens de défense sur les faits qui lui sont reprochés.

La formation disciplinaire délibère à huis clos à la majorité des membres.

Article 15.- La preuve de la matérialité des faits reprochés au médecin se fait par tout moyen.

Article 16.- Les décisions de radiation sont publiées dans deux numéros du journal officiel.

Article 17.- Les décisions du Conseil national siégeant en formation disciplinaire statuant à l'égard d'un médecin relevant de la section B sont susceptibles d'appel devant la même formation disciplinaire composée de membres élus autres que ceux qui ont statué en première instance. Le délai d'appel est de quinze (15) jours à compter du prononcé de la décision.

Elles peuvent également faire l'objet d'un pourvoi devant la Cour suprême dans les conditions prévues par la loi organique de ladite Cour.

Article 18.- Le Ministre chargé de la santé procède à l'exécution du présent décret qui sera publié au Journal officiel.

Ainsi après lecture des dispositions sus énoncées, et dans une démarche purement didactique, le processus procédural a été phasé en cycles, séquences logiques et cohérentes d'opérations administratives. Par conséquent, nous allons définir 4 cycles désignés comme suit :

-la saisine de la juridiction disciplinaire ;

-l'instruction du dossier et la rédaction du rapport de mise en cause ;

-la comparution et la décision ;

-le recours.

LES ÉTAPES DE LA PROCÉDURE ET LES OPÉRATIONS ADMINISTRATIVES

CHAPITRE 2

CYCLE 1- LA PREMIÈRE ÉTAPE : LA SAISINE DE LA JURIDICTION DISCIPLINAIRE

A. DISPOSITIONS LÉGALES :

Le mode de saisine de la Juridiction disciplinaire est défini par l'article 3 du décret ci-dessus mentionné qui dispose : « *Le droit de déférer un médecin inscrit au tableau de la Section B au Conseil national de l'Ordre siégeant en formation disciplinaire appartient au Ministre chargé de la Santé et au Conseil de la Section B. Ces autorités peuvent agir d'office ou sur la plainte d'un tiers sur dénonciation* ». Ainsi, le Conseil de Section B, en application des dispositions susvisées, est compétent pour recevoir la plainte articulée contre un médecin de la Section B. Cet organe doit alors prendre toutes les mesures administratives prévues par *l'article* 6, qui dispose que « *toute plainte déposée au Conseil de section est enregistrée à la date de sa réception. Un numéro lui est attribué et un accusé de réception est délivré* ». L'étape suivante ressort de l'article 7, aux termes duquel « *Le Président de la Section B informe immédiatement le mis en cause par tous moyens laissant trace écrite.* »

L'ancrage législatif est constitué par l'article 43 de la loi n° 66-69, « *le droit de déférer un médecin au Conseil national de l'Ordre siégeant en formation disciplinaire appartient au Ministre chargé de la Santé et au Conseil de la Section B. Ces autorités peuvent agir d'office ou sur la plainte d'un tiers.* »

B. LES ÉTAPES DE LA PROCÉDURE ADMINISTRATIVE ET OUTILS:

I. Saisine par (ou via) le ministre de la Santé

Etape1.- Le Ministre chargé de la Santé adresse une plainte au Conseil de la section B, sous le couvert du Président de l'Ordre national des médecins, aux fins de déférer en formation disciplinaire le médecin mis en cause.

Etape 2- Le courrier est enregistré à la date de sa réception et numéroté au niveau du secrétariat de Président de l'Ordre.

Etape 3- Le Président de l'Ordre transmet ce courrier, par lettre numérotée et datée, au Président du Conseil de la section B, avec en pièce jointe la lettre-plainte du Ministre chargé de la Santé, aux fins de saisine de la formation disciplinaire.

Etape 4- Cette lettre est enregistrée et numérotée au niveau du Conseil de la section B.

Outil administratif 1 : Template pour cachet de réception courrier Arrivée du Conseil de la section B.

ONMS CONSEIL DE LA SECTION B **COURRIER ARRIVÉE** DATE D'ARRIVEE ……………………………… ENREGISTRE SOUS LE NUMÉRO…………

Étape 5.- Le Président du Conseil de la section B informe **immédiatement** le mis en cause par lettre avec accusé de réception ou par tout autre moyen laissant trace écrite.

-Le Président du Conseil de la section B, en qualité de Rapporteur, ou alors le membre désigné comme rapporteur, instruit le dossier. Dans ce dernier cas, le Président lui transmet le dossier par lettre écrite, à charge pour lui de procéder à l'instruction de l'affaire et de présenter un rapport à la juridiction disciplinaire.

Dans le cadre de son instruction, le Rapporteur peut entendre le mis en cause ou un témoin mais aussi procéder à toute investigation utile, de nature à contribuer à la manifestation de la vérité.

Outil 2 : Template de lettre d'information du médecin mis en cause par le Président du Conseil de la section B.

TEMPLATE

EN-TETE *DATE ET N°*

DOCTEUR X………

Adresse …………….

N° ordre…………….

OBJET : Information à propos d'une plainte vous concernant.

CHER(E) COLLEGUE

Nous vous informons que nous venons d'accuser réception ce jour XX/XX/XXXX d'une plainte à votre encontre. (Détails ou pas sur le plaignant et l'objet : à apprécier !!). En effet M. ou Mme xxx a saisi le Conseil de section B suite à une affaire vous concernant.

Nous vous enverrons très prochainement une convocation par ce même canal pour information plus large et suite de la procédure.

Veuillez recevoir, Cher(e) collègue, l'expression de nos sentiments distingués

Le Président du Conseil de la section B

II. Saisine via le conseil de la section B

Étape 1.- La lettre plainte est déposée au Conseil de la section B.

-La plainte déposée au Conseil de section est enregistrée à la date de réception et est numérotée.

Elle est enregistrée dans le cahier de transmission, courrier ARRIVÉE. Le numéro et la date d'enregistrement sont mentionnés dans un document avec accusé de réception remis au plaignant.

Étape 2.- Le document original, estampillé avec cachet de réception et portant date et numéro, fera l'objet de deux copies dont l'une signée par le plaignant comme « reçue avec date et heure » en marge, est gardée dans le dossier, ceci pour faire office *d'accusé de réception*.

Étape 3.- Le Président du Conseil de la section B informe immédiatement le ou les médecins mis en cause par lettre, et à défaut, par tout autre moyen laissant trace écrite.

Étape 4.- Cette lettre doit *obligatoirement* faire l'objet d'un accusé de réception.

Étape 5.- La copie de la lettre avec décharge ou accusé de réception est classée dans le dossier.

- Le Président du Conseil de la Section B, en qualité de rapporteur, ou alors le membre désigné rapporteur (au cas où le président du conseil de section est membre de la formation disciplinaire) instruit le dossier. Dans ce dernier cas, le Président du Conseil de section lui transmet le dossier par lettre écrite, aux fins d'instruction et rapport à présenter à la juridiction disciplinaire.

-le Président du Conseil de section en fait une copie au Président de l'Ordre ou l'informe par lettre avec le sceau « confidentiel ».

III. LE CAS DE L'AUTOSAISINE DU CONSEIL DE LA SECTION B

Étape 1.- Sur initiative propre ou sur dénonciation, le Conseil de la section B, par son Président, après avis favorable dudit Conseil, matérialisé par la majorité de ses membres, peut saisir la formation disciplinaire. Cet avis doit être fondé sur l'existence d'indices graves et concordants de commission de faits de nature à engager la responsabilité disciplinaire du médecin.

-Le procès-verbal de la réunion est joint au dossier.

-Le Président du Conseil de la section B informe le mis en cause par lettre avec accusé de réception, ou par tout autre moyen laissant trace écrite.

Étape 2.- Le Président du Conseil de la section B informe immédiatement le ou les médecins mis en cause par lettre, à défaut par tout autre moyen laissant trace écrite.

Étape 3.- Cette lettre doit *obligatoirement* faire l'objet d'un accusé de réception

Étape 4.- La copie de la lettre avec décharge ou accusé de réception est classée dans le dossier.

- Le Président de la section B, en qualité de rapporteur (au cas où il n'est pas membre de la formation disciplinaire), ou alors le membre désigné rapporteur, instruit le dossier. Dans ce dernier cas, le Président lui transmet le dossier par lettre écrite, aux fins d'instruction et rapport à présenter à la juridiction disciplinaire.

-Le Président du Conseil de la section en fait une copie au Président de l'Ordre, ou l'informe par lettre avec le sceau « confidentiel ».

Nota bene : Précisons par ailleurs que le Ministre chargé de la Santé peut également s'autosaisir d'office pour déclencher la procédure en dehors de toute saisine directe par plainte.

Outil 3 : Template de lettre d'information du Président du Conseil de la section B à l'attention du médecin mis en cause suite à une autosaisine du Conseil de section.

TEMPLATE

EN-TETE *DATE et N°*

DOCTEUR X………

Adresse …………….

N° ordre……………..

OBJET : Information d'autosaisine du Conseil de section sur affaire vous concernant.

CHER(E) COLLEGUE

Le Conseil de section B, réuni ce XX/XX/XXXX, en session extraordinaire a pris la résolution de s'autosaisir d'une affaire vous concernant (relative à ….) et, ce conformément aux dispositions des articles 2 et 3 du Décret n° 2018-98 du 16 janvier 2018 relatif à la procédure devant le Conseil national de l'Ordre des médecins siégeant en qualité de juridiction disciplinaire.

Nous vous enverrons très prochainement une convocation par ce même canal pour information plus large et suite de la procédure.

Veuillez recevoir, Cher(e) collègue, l'expression de nos salutations confraternelles.

Le Président du Conseil de Section

C. LES ACTEURS CLÉS :

-Le plaignant.

-Le Président du Conseil de section B.

-Le Ministre chargé de la Santé.

-Le médecin mis en cause.

D. LES DOCUMENTS DE LA PROCÉDURE :

-La lettre-plainte déchargée selon les indications ci-avant précisées.

-La lettre de saisine du Ministre chargé de la Santé avec décharge.

-La lettre de saisine du Président du Conseil de la section B.

-La lettre d'information du mis en cause avec décharge selon les indications ci-avant précisées.

-Le rapport établi par le Président du Conseil de la section B ou par le membre qu'il a désigné ;

-La convocation du médecin mis en cause, mentionnant les faits qui lui sont reprochés et leur qualification.

E. LES VICES À ÉVITER :

Il est capital, à cette étape de la procédure, d'être vigilant au sujet de probables manquements pouvant vicier voire annuler la procédure. Certains points paraissent importants :

- La compétence de la saisine appartient au ministre chargé de la Santé : la lettre de saisine doit être signée par le ministre lui-même, autant que possible, ou à défaut, par une autorité agissant sur sa délégation (généralement le Secrétaire général du ministère ou le Directeur de cabinet), pour éviter tout débat sur la recevabilité.
- Veiller à l'enregistrement et au numérotage du courrier au niveau du secrétariat du Président de l'Ordre.
- Veiller à l'enregistrement daté et au numérotage au niveau de l'administration du Conseil de section avec accusé réception. Cette étape est importante dans le démarrage de la procédure. Le défaut d'enregistrement, de numérotage ou d'émission de l'accusé de réception peut être un manquement non sans conséquences.
- S'assurer de la transmission rapide de l'information sur l'existence de la plainte au mis en cause et de sa matérialité notamment par lettre recommandée. Rappelons qu'il faut donc éviter de l'informer au téléphone, surtout en dehors de toute trace écrite pouvant justifier non seulement que l'information a été donnée mais surtout qu'elle a été bien reçue par l'intéressé.

CHAPITRE 3

CYCLE 2 : LA PHASE D'INSTRUCTION DU DOSSIER

La phase d'instruction va de la saisine jusqu'à la transmission du rapport d'instruction à la formation disciplinaire, en se soumettant à l'obligation de mettre à la disposition du ou des mis en cause les éléments du dossier. Cette phase d'instruction prend fin à la remise du rapport final à la juridiction disciplinaire avec la précaution documentée de la notification du droit du mis en cause d'en avoir pris une pleine connaissance.

A. DISPOSITIONS RÉGLEMENTAIRES :

Cette phase est bien encadrée par les dispositions réglementaires, notamment par les articles 8, 9, 10, 11 et 12 du décret n° 2018-98 mais aussi par l'article 69 du Code de déontologie médicale. Elle est un préalable à toute mesure, comme l'exige l'article 8 suscité « *aucune sanction disciplinaire ne peut être prononcée sans que le médecin mis en cause n'ait été entendu au préalable* ». En plus, le mode opératoire est clairement défini, « *la procédure est écrite, contradictoire, non publique* ». Cette instruction doit être menée par la personne compétente à savoir le membre du

Conseil qui a été désigné rapporteur par le Président de la Section B ou par lui-même dans les conditions requises.

Cette phase de la procédure disciplinaire traduit un attachement au respect des droits de la défense, à travers :

- L'information du mis en cause des faits articulés à son encontre, par un moyen laissant trace écrite.
- L'audition du mis en cause par le Rapporteur. Cette étape doit être l'occasion de porter à sa connaissance tous les éléments qui fondent l'accusation dont il fait l'objet et de lui permettre de les discuter. Cette discussion des faits suppose qu'il puisse produire des documents de nature à asseoir sa version des faits mais aussi solliciter l'audition de personnes pouvant, par leur déposition, contribuer à la manifestation de la vérité. A défaut, le caractère *contradictoire* de la procédure visé à l'article 8 du décret ci-avant ne serait pas respecté.

Autre exigence procédurale, tous les actes posés par le Rapporteur doivent donner lieu à la rédaction d'un écrit. Ainsi, l'audition du plaignant, d'un témoin ou du mis en cause lui-même doit être constatée par écrit, sous la forme d'un procès-verbal (PV) qui sera daté puis signé par le rapporteur et par la personne entendue.

La présence du pair ou du conseil, ayant assisté le mis en cause, doit être mentionnée dans le PV, de même que les questions qu'il a posées ainsi que les réponses apportées doivent y être spécifiées.

Il est également recommandé que les pièces déposées comme éléments de preuve soit évoquées au cours de l'audition et qu'elles soient annexées au procès-verbal en question.

Le Rapporteur doit veiller à ne laisser subsister aucune zone d'ombre dans le cadre de son instruction. Cela permettra à la formation de jugement de se prononcer en toute connaissance de cause sur les faits qui sont soumis à son appréciation.

B. LES ÉTAPES DE LA PROCÉDURE ADMINISTRATIVE ET LES OUTILS :

Étape 1.- Contact par le Président du Conseil de la section B avec mis en cause pour information : ce contact est écrit.

Étape 2.- *Désignation du Rapporteur*. Cette désignation doit se faire par lettre en se référant aux dispositions adéquates. Une ampliation sera faite au Président de l'Ordre et aux parties concernées.

Outil 4 : Template de lettre notification du choix de Rapporteur par le Président du Conseil de la section B.

TEMPLATE

EN-TETE *DATE et N°*

Au Docteur xxxxxxxx

Conseiller élu au Conseil de section B

Objet : Désignation au titre de Rapporteur auprès de la Formation disciplinaire

Docteur,

Par la présente, je vous informe du choix porté sur votre personne pour assurer les fonctions de Rapporteur auprès de la Formation disciplinaire, conformément à l'article 9 du Décret n° 2018-98 du 16 janvier 2018 relatif à la procédure devant le Conseil national de l'Ordre des médecins siégeant en qualité de juridiction disciplinaire.

Je suis persuadé que vous saurez mener à bien cette mission en stricte conformité avec les dispositions législatives et réglementaires applicables.

En vous souhaitant une bonne réception de la présente, je vous prie de bien recevoir, docteur, mes salutations confraternelles.

Le Président du Conseil de la section B

Étape 2.- Transmission du dossier au Rapporteur par le Président du Conseil de Section B. Cette *lettre de transmission* doit être aux normes administratives.

Dans ce dernier cas, le Président transmet le dossier par lettre écrite aux fins d'instruction et rapport à faire à la juridiction disciplinaire.

-Le président du Conseil de section adresse une ampliation au Président de l'Ordre, avec le sceau « confidentiel ».

- Le dossier d'accusation transmis au Rapporteur doit comporter :

1. La lettre-plainte portant cachet de la date de réception et du numéro d'enregistrement au secrétariat du Conseil de la Section B.
2. Une copie de la lettre d'information du mis en cause par le Président du Conseil de section, avec accusé de réception mentionnant la date de réception et comportant la signature et au besoin le cachet du destinataire.
3. Eventuellement la lettre de transmission du Président du Conseil de section au Rapporteur (si les deux sont distincts)

Outil 5 : Template de lettre d'activation de la mission du Rapporteur.

TEMPLATE

EN-TETE *DATE ET N°*

A Monsieur le Rapporteur
de la Formation Disciplinaire

OBJET : Transmission de plainte pour instruction et saisine de la Formation disciplinaire

Monsieur le Rapporteur,

Nous vous transmettons en pièce jointe la lettre plainte en date du JJ/DD/AAAA, reçue dans nos services le JJ/DD/AAAA et enregistrée sous le numéro XXXX/YYY. M. ou Madame xxxxxxx ZZZ nous a saisi à propos d'une affaire l'opposant contre notre collègue le Docteur XXXX , N° ....., inscrit dans le tableau de la section B

Je vous saurais gré d'entreprendre toutes les démarches requises aux fins d'instruction conformément aux dispositions en vigueur.

Je vous prie de recevoir mes salutations confraternelles.

Le Président du Conseil de section B

Ampliation

-SG

-archives/chronos

PJ

*-lettre plainte **déchargée***

-copie de la lettre d'info du Président/ Section B

Étape 3.- Audition du plaignant et établissement du *rapport détaillé d'audition* du plaignant avec procès-verbal *(PV) d'audition du plaignant* signé par le Rapporteur et par le plaignant, confirmant la conformité de la teneur, annexant la lettre-plainte.

Après prise de connaissance de la lettre-plainte et vérification de toutes les pièces composant le dossier ci-dessus mentionné, le Rapporteur convoque le plaignant pour complément d'information.

-Il fait le déroulé détaillé de la séance d'audition du plaignant et, au besoin, le complète avec des pièces ou autres éléments de preuve.

Ce document doit être daté et signé par le Rapporteur et le plaignant qui, en sus de sa signature, appose la mention « conforme à mes déclarations ».

-Il procède à l'audition de témoins ou de personnes-ressources, et ce, sur procès-verbal.

Outil 6 : Template de lettre de convocation du plaignant.

TEMPLATE

EN TETE *DATE ET N°*

DOCTEUR, ou MONSIEUR, ou MADAME

………….

OBJET : Votre plainte du ……..

N.Ref. : qs

M. , MME, DR

Par lettre en date du xx /xx/ xxxx, vous avez saisi l'Ordre national des Médecins du Sénégal, à travers sa formation disciplinaire, d'une plainte contre le Docteur xxxxxxxxx.

Ayant été chargé de la rédaction d'un rapport sur cette affaire, nous comptons vous recevoir le xx /xx/xxxx à xx heures au siège du Conseil de l'Ordre national des Médecins du Sénégal, sis à xxxx, pour procéder à votre audition.

Vous voudrez bien vous munir de tout document que vous estimez utile à la manifestation de la vérité.

Je vous souhaite une bonne réception de la présente et vous prie de recevoir nos salutations respectueuses.

POUR LE CONSEIL DE LA SECTION B

LE RAPPORTEUR

REMARQUE *Rappel : la procédure est **écrite**.*

Étape 4.- Émission de la *convocation* du mis en cause pour audition. Cette convocation doit être conforme à des exigences de forme et de fond. Elle est obligatoirement faite par lettre recommandée avec accusé de réception et doit faire mention de la date, de l'heure, des faits et de leur qualification.

Outil 7 : Template de convocation pour audition par le Rapporteur.

TEMPLATE
EN- TETE *DATE ET N°*

Au Docteur xxxxxxxx

Objet : Convocation pour audition
Ref. : La lettre plainte n° xxx du xx/xx/xxxx

Docteur,
Vous êtes convoqué le Jour Date (xx/xx/xxxx) à xx heures précises au siège de l'Ordre national des Médecins du Sénégal, (sis à adresse et téléphone) pour audition suite à la lettre plainte ci-dessus référencée, qui avait déjà été portée à votre connaissance par courrier n°xxx du xx/xx/xxxx
En effet, il vous est reproché les faits suivants .....
Qui sont susceptibles de recevoir la qualification de XXX (qualifications des faits supposés).
Vous avez la possibilité de vous faire assister par un pair ou un conseil de votre choix.
Veuillez recevoir nos salutations confraternelles.
Le Rapporteur

Étape 5.- Audition du médecin mis en cause et établissement du *rapport détaillé d'audition* du mis en cause avec *PV d'audition du médecin mis en cause* signé par le Rapporteur et le mis en cause, confirmant la conformité de la teneur, annexant la lettre-plainte.

Étape 6.- Émission de convocation des deux parties en précisant l'objet, notamment l'audition contradictoire.

Outil 8 : Template de convocation pour audition par le Rapporteur.

TEMPLATE
EN- TETE *DATE ET N°*

Au Docteur xxxxxxxx

Objet : Convocation pour audition contradictoire
Ref. : La lettre plainte du xx/xx/xxxx enregistrée sous le n° xxx

Docteur,
Vous êtes convoqué le Jour Date (xx/xx/xxxx) à xx heures précises au siège de l'Ordre des médecins du Sénégal, (sis à adresse et téléphone) pour audition contradictoire avec la partie plaignante.
Nous vous rappelons qu'il vous est reproché les faits suivants .....
Qui sont susceptibles d'être qualifiés de XXX à (qualification des faits supposés).
Cette audition contradictoire fait suite à votre première audition du xx/xx/xxxx, sur procès-verbal, au cours de laquelle votre version des faits avait été recueillie.
Vous devez vous faire accompagner du pair ou du conseil choisi pour vous assister.
Veuillez recevoir nos salutations confraternelles.

Le Rapporteur

Remarque : Décharge obligatoire sur copie.

Étape 7.- Audition contradictoire et établissement du *rapport détaillé d'audition contradictoire* avec *PV d'audition contradictoire* signé par le rapporteur et par les deux parties.

Étape 8.- Établissement du *Rapport Final*. Ce rapport devra comporter :

- les informations relatives à la plainte et éventuellement une copie de la plainte ;
- les étapes de la procédure jusqu'à ce niveau pour s'assurer de la conformité aux normes procédurales ;
- la lettre-plainte ;
- la lettre de saisine ;
- la lettre de désignation du rapporteur ;
- le procès-verbal d'audition du plaignant ;
- le procès-verbal d'audition du mis en cause ;
- le PV procès-verbal d'audition contradictoire ;
- le ou les procès-verbaux d'audition de témoins ;
- les pièces annexes déposées par les parties ou les témoins, pouvant être utiles à la manifestation de la vérité ;
- lettre de notification du droit de prendre connaissance du dossier ;
- la notification de connaissance du dossier.

En somme, le Rapporteur rédige un rapport complet et détaillé portant sur :

- toute la procédure avec dates à l'appui,

- les différentes auditions écrites,

- et en annexes toutes pièces, notamment les convocations et autres notifications…

Il devra veiller scrupuleusement sur la complétude du *dossier de mise en cause* et la conformité à la procédure légale, administrative et réglementaire.

Ce rapport portera mention en titre « *Affaire XX, situation professionnelle et ordinale Contre C/ Y* ».

Étape 9.- Communication de l'intégralité du dossier au médecin mis en cause :

a). Le Rapporteur adresse un courrier daté avec *accusé de réception* au médecin mis en cause, lui notifiant son droit de prendre connaissance de la totalité de son dossier et lui proposant une date à cet effet.

b). Décharge : Un document signé par l'intéressé attestant avoir reçu le courrier du rapporteur pour une prise de connaissance du dossier complet sera joint au dossier annexé à la copie de lettre de notification qui doit être elle-même déchargée.

Outil 9 : Template de la lettre d'information du mis en cause sur son droit d'information sur l'intégralité du dossier.

TEMPLATE
EN- TETE *DATE ET N°*

Au Docteur xxxxxxxx
(coordonnées)

Objet : Information sur le dossier vous concernant
Ref. : La lettre-plainte du xx/xx/xxxx sous le n° xxx

Docteur,
Suite à l'audition du plaignant en date du xxx, suivie de votre audition en date du xx/xx/xxxx et de l'audition contradictoire du xx/xx/xxxx, nous vous informons que nous devons de boucler le dossier vous concernant, « Affaire M. ou Mme ou Docteur XX contre Docteur ... ».
Le dossier au complet sera transmis à la Formation disciplinaire. Vous recevez prochainement une convocation pour comparution devant le dite organe.
Toutefois conformément aux dispositions de l'article 12 Décret n° 2018-98 du 16 janvier 2018 relatif à la procédure devant le Conseil national de l'Ordre des médecins siégeant en qualité de juridiction disciplinaire, vous avez le droit de prendre connaissance de la totalité dudit dossier 15 jours au moins avant cette comparution. Ainsi nous vous informons qu'à compter du xx/xx/xxxx, la procédure est mise à votre disposition au siège du Conseil national de l'Ordre des Médecins, auprès de xxx. Nous vous invitons, pour toute information complémentaire, à prendre contact avec nous même, Rapporteur. Au-delà, le dossier sera transmis pour la suite de la procédure.
Veuillez recevoir nos salutations confraternelles.
Le Rapporteur

Remarque : Cette correspondance revêt une importance capitale et doit être obligatoirement déchargée sur copie avec cachet, signature et date lisibles. Par ailleurs, il nous parait important de caler à cette étape de la procédure cette disposition de l'article 12 du décret 2018-98, *« Le médecin a droit à la communication intégrale de son dossier quinze (15) jours au moins devant sa comparution devant le Conseil de l'Ordre »*. En effet cela permettrait de laisser une bonne marge à la formation disciplinaire dans le choix de la date de comparution sans qu'elle soit bloquée par cette conditionnalité qui reste de rigueur pour la validité de la démarche procédurale.

En effet le non respect de ce délai sera assimilé à une violation des droits de la défense et pourra entraîner une annulation de la procédure.

Il convient également de souligner que cette consultation du dossier avant la comparution devant la formation disciplinaire doit pouvoir être faite par le pair ou le conseil qui assiste le médecin mis en cause. Bien entendu, rien ne s'oppose à ce que ce dernier usant en personne de son droit de consultation, se fasse accompagner de son pair ou conseil, chargé de l'assister.

Outil 10 : Template de décharge sur l'information au droit du mis en cause à communication intégrale du dossier.

DÉCHARGE

Je soussigné, Dr …… certifie par la présente avoir reçu ce jour xx/xx/xx à … heures, la lettre No xx en date xx/xx/xx sur le dossier relatif à « l'affaire M. ou Mme OU Docteur ….. contre Docteur …. ». Par ce canal, le Rapporteur m'a bien informé de mon droit d'avoir une communication intégrale de mon dossier au moins 15 jours avant la comparution. Je m'engage à exercer ce droit dans le respect des délais impartis, sauf renoncement.

En foi de quoi ce présent pour servir et faire valoir ce que de droit.

L'intéressé

Signature et cachet

c). Un *procès-verbal de communication intégrale du dossie*r est établi, annexant le document en attestant l'effectivité.

Outil 11 : Template de la note de communication effective sur l'intégralité du dossier

Attestation de prise de connaissance du dossier d'accusation   *Je soussigné, Dr …… certifie par la présente avoir pris pleine connaissance de mon dossier relatif à « l'affaire M. ou Mme ..... contre Docteur .... », ce jour XX/XX/XXXX dans les locaux du Conseil de l'ordre des médecins du Sénégal. Cette séance s'est déroulée en présence du Rapporteur suite à son invitation à cet effet. J'ai eu droit à la communication intégrale du dossier susmentionné.*   *En foi de quoi, ce présent pour servir et faire valoir ce que de droit.*   *L'intéressé*   *Signature et cachet*   *Et date*

Étape 10.-a) Transmission du Rapport final à la formation disciplinaire. La copie de cette lettre de transmission est enregistrée et numérotée.

- Le Rapporteur transmet, par lettre, sous forme d'un (BE), le rapport qui complète le dossier avec en annexe, toutes les pièces de la procédure.

- Une copie du bordereau d'envoi portera, dès réception, une décharge avec mention de la date de réception et du numéro d'enregistrement de la formation disciplinaire.
- Le dossier sera transmis aux soins du Président des Formations disciplinaires qui vérifiera la complétude et la conformité du dossier.

b) Une copie de cette lettre de transmission avec numéro et date de réception au niveau de la Formation disciplinaire est adressée, *pour information,* au Président de l'Ordre.

Ce bordereau de transmission comportera les pièces ci-après :

- ➢ La lettre-plainte déchargée ;
- ➢ La copie de l'accusé de réception de la lettre-plainte ;
- ➢ La lettre informant le médecin mis en cause du dépôt de la plainte, avec décharge ;
- ➢ La lettre de désignation du Rapporteur par le Président du Conseil de la section B (facultative) ;
- ➢ La lettre de transmission de la plainte au Rapporteur par le Président du Conseil de la section B (facultative);
- ➢ Le procès-verbal d'audition du plaignant par le rapporteur pour information complémentaire, signé avec mention d'approbation ;

- La convocation pour audition du mis en cause par le Rapporteur ;
- Le procès-verbal d'audition du médecin mis en cause, signé avec mention d'approbation ;
- La convocation du mis en cause pour audition contradictoire ;
- Le procès-verbal d'audition contradictoire signé par les deux parties avec les mentions d'approbation ;
- Le Rapport Final ;
- La lettre de notification du droit de prendre connaissance du dossier complet;
- La lettre de prise de connaissance du dossier accompagnée, le cas échéant, des observations formulées par le mis en cause.

Outil 12 : Template de la lettre de transmission du rapport au Président de la Formation disciplinaire :

TEMPLATE

EN- TETE DATE ET N°

A Monsieur le Président
de la Formation disciplinaire

BORDEREAU D'ENVOI N° ....

Ref. : « Affaire M. ou Mme. Ou Docteur Xxxx contre Docteur xxxxxx »

A Monsieur le Président,

Nous venons, par la présente, vous transmettre notre rapport final sur « l'affaire M. ou Mme xxx contre Docteur xxxx » aux fins de suite de la procédure.

Vous trouverez en annexe de la présente, la totalité des pièces énoncées en PJ.

En vous souhaitant bonne réception de la présente, je vous prie de croire Monsieur le Président, à l'assurance de ma parfaite considération.

Pièces jointes :

- Lettre-plainte déchargée
- Copie accusé de réception de la lettre-plainte
- Lettre d'information de l'existence de la plainte avec décharge
- Lettre de désignation du Rapporteur par le Président du Conseil de la Section B
- Lettre de transmission de la plainte au rapporteur par le président de la section B
- PV d'audition du plaignant par le rapporteur pour information complémentaire, signé avec mention d'approbation

- *Convocation pour audition du mis en cause par le Rapporteur*
- *PV d'audition du médecin mis en cause,* signé avec mention d'approbation
- *Convocation du mis en cause pour audition contradictoire*
- PV d'audition contradictoire, signé par les deux parties avec mention d'approbation
- Le Rapport Final
- Lettre de notification du droit de connaissance du dossier.
- Lettre de prise de connaissance du dossier complet.

Pour le Conseil de section B

Le Rapporteur

Outil 13 : Template de la lettre d'information du président de l'ordre de la transmission du rapport à la formation disciplinaire

TEMPLATE

EN- TETE DATE ET N°

A Monsieur le Président

de l'Ordre National des Médecins du Sénégal

Objet : Information

Ref. : « L'affaire XXX contre docteur XXX »

Monsieur le Président,

Par courrier BE n° ….. , nous avons transmis le xx/xx/xxxx au Président de la Formation disciplinaire notre rapport final concernant l'affaire ci-dessus mentionnée. Vous trouverez en PJ une copie de la lettre avec accusé de réception.

En vous souhaitant une bonne réception de la présente, je vous prie de recevoir mes salutations confraternelles.

Le Rapporteur

PJ

-copie lettre déchargée

Ampliations :

-Président CS/B

-Archives

C. LES ACTEURS DE LA PROCÉDURE

Cette instruction doit être menée par la personne compétente, à savoir, le **Rapporteur**, qui est soit le Président du Conseil de la section B s'il n'est pas membre de la formation disciplinaire, soit alors, dans le cas échéant, le membre du Conseil désigné par le Président du Conseil de la section B, conformément à l'article 9 du décret n°2018-98, relatif à la procédure devant le Conseil national de l'Ordre des médecins, siégeant en qualité de juridiction disciplinaire.

Seul le Rapporteur est habilité à mener la phase d'instruction qui va aller jusqu'à la transmission du rapport d'instruction à la formation disciplinaire, en se soumettant à l'obligation de mettre à la disposition du ou des mis en cause le dossier. Cette phase d'instruction prend fin à la remise du rapport final à la juridiction disciplinaire avec la précaution documentée de la notification au mis en cause de son droit d'en prendre connaissance.

D. LES DOCUMENTS DE LA PROCÉDURE

Ce bordereau de transmission comportera les pièces ci-après :

-Lettre plainte déchargée ;

-Copie de l'accusé de réception de la lettre-plainte ;

-Lettre d'information de la plainte avec décharge ;

-Lettre de désignation du rapporteur par le président de la section B (PCS/B) ;

-Lettre de transmission de la plainte au rapporteur par le président de la section B ;

-Procès-verbal d'audition de la partie plaignante par le rapporteur pour information complémentaire, signé avec mention d'approbation ;

-Convocation pour audition du mis en cause par le Rapporteur ;

-Procès-verbal d'audition du médecin mis en cause, signé avec mention d'approbation ;

-Convocation du mis en cause pour audition contradictoire ;

-PV d'audition contradictoire signé par les deux parties avec mention d'approbation ;

-Rapport Final ;

-Lettre de notification de la mise à disposition du dossier ;

-Lettre de prise de connaissance intégrale du dossier.

E. LES VICES À ÉVITER

- Ne pas formaliser le choix du rapporteur et sa mission ;
- La convocation non ou mal informative (faits et qualification) du mis en cause sans lettre de recommandation ;

- Procédure non écrite : téléphone, entretiens et auditions non transcrits ;
- Absence d'audition du mis en cause ;
- Absence de transcription écrite de l'audition du mis en cause ;
- Absence d'audition contradictoire (la procédure est contradictoire)
- Absence de transcription de l'audition contradictoire (la procédure est écrite)
- Non-respect du droit du mis en cause d'être assisté par un confrère ou un conseil de son choix, entrave à ses moyens de défense ;
- Absence d'information au mis en cause sur son droit à une communication intégrale sur le dossier au moins 15 jours avant la date de sa comparution devant la formation disciplinaire ;
- Absence de document **écrit** prouvant que le mis en cause a été informé de son droit à une communication intégrale sur le dossier au moins 15 jours avant la date de sa comparution ;
- Absence de document **écrit** prouvant que le mis en cause a bien joui de son droit à une communication intégrale sur le dossier au moins 15 jours avant la date de comparution, sauf renoncement actif ou passif ;

- Transmission à la Formation disciplinaire de dossier incomplet ou comportant des omissions de signature, de date, entre autres.

CHAPITRE 4

CYCLE 3 : LA PHASE JURIDICTIONNELLE PROPREMENT DITE

A. DISPOSITIONS LÉGALES SPÉCIFIQUES :

Cette phase comporte :

- La réception du dossier des soins du Rapporteur ;
- La constitution et la convocation de la formation de jugement pour prise de connaissance du dossier et fixation de la date de l'audience ;
- Les formalités de convocation du mis en cause ;
- La constitution de sa défense et la notification au Président de la juridiction disciplinaire ;
- La comparution du mis en cause ;
- Et la délibération pour la prise de *décision.*

Elle est définie par les dispositions des articles 11 à 16 du Décret n° 2018-98 du 16 janvier 2018 relatif à la procédure devant le Conseil national de l'Ordre des médecins siégeant en qualité de juridiction disciplinaire, qui mettent en exergue les modalités de convocation du mis en cause, de son information sur le dossier avec un délai bien déterminé, de son assistance, ainsi que le déroulement de la séance de comparution, de la prise et du prononcé de la décision.

B. LES ÉTAPES DE LA PROCÉDURE ADMINISTRATIVE ET OUTILS :

Les étapes de la procédure se présentent ainsi :

Étape 1.- Réception du dossier :

Le Président de la formation disciplinaire (ou son assistant dûment désigné et en son nom) réceptionne le dossier :

- En vérifie la complétude,
- L'enregistre dans le *cahier de courrier Arrivée* de l'administration de la Formation disciplinaire avec *date d'arrivée et numéro* de réception au niveau de la Formation disciplinaire,
- Décharge sur la copie de la lettre de transmission du Rapporteur, en prenant bien soin que les mentions soient similaires sur l'original et sur la copie.

Étape 2.- La constitution de la formation disciplinaire et sa convocation pour prendre connaissance de l'affaire et la fixation de la date de comparution.

- Pour la constitution : Saisine du Conseil national et rédaction de la lettre pour la désignation des membres étrangers au conseil national: Si pour le Conseil de section A cette démarche s'impose, pour la Juridiction disciplinaire ce n'est pas le cas, car l'équipe peut être mise en place en même temps que les organes de l'Ordre, dès le début de l'exercice du mandat. Si ce n'est pas le cas, le Président de la Formation disciplinaire écrit au Président du Conseil de la section B (avec ampliation au Président de l'Ordre) pour la désignation des trois membres élus du Conseil de la section B devant siéger en première instance avec lui, à côté du Directeur général de la Santé.

- La convocation par le Président de la juridiction disciplinaire des membres de la dite formation, pour la prise de connaissance de l'affaire, la poursuite de la procédure, la définition de l'agenda et autres formalités requises.

Étape 3.- La convocation pour comparution : celle-ci se fera par un canal bien précis et comportera un contenu obligatoire. Ce canal c'est par *lettre recommandée (attention au mail) avec accusé de réception.* Pour ce qui est du contenu, outre la date, l'heure et le lieu de l'audience, la convocation doit obligatoirement mentionner les *faits imputés* et leur *qualification.*

Il serait important de préciser au mis en cause son droit d'être assisté par un pair ou un conseil et au besoin d'indiquer d'avance à la Formation disciplinaire l'identité de la ou des personnes choisies pour l'assister. Il est en effet loisible au mis en cause de constituer plusieurs conseils.

Outil 14 : Template de convocation pour comparution par la Formation disciplinaire.

TEMPLATE

EN- TETE DATE ET N°

Au Docteur xxxxxxxx

Objet : Convocation pour comparution

Réf. : La lettre plainte n° XXX du XX/XX/XXXX

Docteur,

Vous êtes convoqué le Jour, Date (XX/XX/XXXX) à XX heures précises au siège de l'Ordre national des médecins du Sénégal, (sis à adresse et téléphone) pour comparution devant la Formation disciplinaire, suite à la lettre plainte ci-dessus référencée.

En effet, il vous est reproché les faits suivants .....

Qui sont de nature à (qualifications des faits supposés).

Veuillez recevoir nos salutations confraternelles.

Le Rapporteur

Étape 4.-

a)- La comparution à proprement parler.

Selon les dispositions de l'article 13 du Décret n° 2018-98 du 16 janvier 2018 relatif à la procédure devant le Conseil national de l'Ordre des médecins siégeant en qualité de juridiction disciplinaire, le médecin mis en cause et régulièrement convoqué est tenu de se présenter personnellement au jour et à l'heure fixés. Il a le droit de se faire assister par son ou ses conseils qui peuvent être des pairs ou des avocats.

En cas d'empêchement reconnu et justifié, il peut demander un report de date ou se faire représenter par un pair ou par un conseil de son choix.

Il semble ressortir de ce qui précède que si le médecin mis en cause, bien que régulièrement convoqué, ne présente pas et ne fournit pas une preuve, de son empêchement, reconnue valable par la formation disciplinaire, le pair ou le conseil qu'il aura constitué pour le défendre n'aura pas droit à la parole. Ce dernier ne pourra en effet, prendre la parole pour développer ses moyens de défense, que si la cause de l'empêchement allégué est admise par la formation de jugement.

Lorsque le conseil choisi est un pair, il doit en l'absence du mis en cause, apporter la preuve de son mandat. Par contre, s'il s'agit d'un avocat, son mandat sera présumé comme c'est le cas devant les tribunaux.

Par ailleurs, il ressort de l'article 8 du décret n° 2018-98, que la procédure n'est pas publique ; autrement dit, les personnes étrangères à l'affaire ne pourront pas assister aux débats ni au prononcé de la décision.

S'agissant du déroulement de l'audience, l'article 14 du décret susvisé prévoit qu'après la lecture du rapport, le médecin mis en cause est invité à fournir ses moyens de défense sur les faits qui lui sont reprochés. En principe, à la suite de la présentation du rapport et de l'exposé de ses moyens de défense par le médecin mis en cause, des questions pourront lui être adressées par les membres de la formation disciplinaire ainsi que son conseil. Au terme de cette instruction d'audience, le ou les conseils du médecin mis en cause pourront développer leurs moyens de défense.

La preuve de la matérialité des faits reprochés au mis en cause peut être administrée par tout moyen, au terme de l'article 15 du décret susvisé. Cela signifie que tous les modes de preuve légaux sont admis. Il s'agit notamment de témoignages ou encore de la production de documents ou d'enregistrements sonores.

b)- La composition : Selon l'article 25 de la loi n°66-69 : Le Conseil national de l'ordre statuant en formation disciplinaire, en vue de statuer sur les poursuites contre un médecin relevant de la section B, comprend :

- Le Président, qui est le magistrat du siège, membre du Conseil national dont il exerce les fonctions de conseiller juridique (art 23 loi 66-69) ;
- Les trois membres de la section B, élus en son sein par le dit conseil ;

- Le directeur général de la santé publique.

En vertu de l'article 6 du Décret n° 68-701 du 18 juin 1968, portant application de la loi n°66-69 du 4 juillet 1966, « *Le Conseil national de l'Ordre siégeant en juridiction disciplinaire conformément aux dispositions de l'article 25 de la loi n°66-69 du 4 juillet 1966 ne peut statuer qu'à la présence de ses 5 membres.* »

Étape 5.- La délibération et la décision : Prononcé de la décision

Il est important de rappeler encore ici les dispositions de l'article 6 susmentionné du décret 68-701 portant application de la loi n°66-69 qui fait de la présence des cinq membres de la juridiction disciplinaire, une formalité substantielle

Ses décisions sont prises à la majorité simple, au cours d'une délibération à huis clos, selon l'article 6 précédemment évoqué et l'article 14 du décret 2018-98.

La décision porte, outre l'irrecevabilité et l'acquittement, sur l'une des sanctions prévues par l'article 45 de la loi n° 66-69 :

- Avertissement ;
- Blâme avec inscription au dossier ;
- Interdiction temporaire d'exercer la profession pour une période de trois mois à deux ans ;
- Interdiction définitive d'exercer la profession.

Étape 6.- Publicité de la décision :

- La décision prononcée par la juridiction disciplinaire est notifiée aux parties.
- Le Président de la juridiction disciplinaire adresse une lettre au Président de l'Ordre portant information sur la décision prononcée par la Formation disciplinaire et suite exécutoire.

Étape 7.- Le Président de l'Ordre écrit au Président du Conseil de la section B pour mesures exécutoires.

Outil 15 : Template de lettre de classement dans le dossier de la décision de première instance.

TEMPLATE

EN-TETE DATE ET N°

À M. le Président du Conseil de la section B

Objet : Décision no XXX concernant Docteur XXXX et suites exécutoires

Ref. : « Affaire M. ou Mme XXX ou docteur XXX c/ docteur XXX »

Madame, Monsieur

Suite à la décision No xxxx en date xx/xx/xx prononcée par le Conseil siégeant en Formation disciplinaire, statuant sur l'affaire susmentionnée, le docteur XXX fait l'objet de (préciser le type de sanction). Cette sanction lui a été notifiée à la date du xx/xx/xxxx.

Vous voudrez bien joindre une copie de la présente décision au dossier professionnel de l'intéressé tenu dans vos tableaux et procéder aux démarches nécessaires pour la suite, après constatation de la non-réception d'une demande de recours dans les délais requis.

Veuillez recevoir nos salutations confraternelles.

Le Président de l'ONMS

Étape 8.- Il faut préciser que si la décision prononcée porte sur la radiation du médecin mis en cause, elle devra faire l'objet d'une publication dans deux numéros du Journal officiel.

Cette publicité ne devrait intervenir qu'après l'épuisement des voies de recours ou, en l'absence de recours, après expiration du délai réglementaire de 15 jours.

Il faut veiller à joindre deux extraits du Journal Officiel, en annexe dans le dossier administratif tenu au Conseil de l'Ordre.

C. LES ACTEURS CLÉS DE LA SÉQUENCE PROCÉDURALE :

- Le Président des formations disciplinaires, magistrat du siège, membre du Conseil national et Conseiller juridique de l'Ordre (article 23 de la loi n° 66-69) ;

- Trois membres élus du Conseil de la section B désignés par ledit conseil ;

- Le Directeur de la Santé publique.

D. LES DOCUMENTS DE LA PROCÉDURE :

- Les éléments du cycle précédent ;

- Le cahier de courrier Arrivée avec date d'arrivée et numéro de réception au niveau de la Formation disciplinaire ;

- La copie déchargée de la lettre du Rapporteur, en prenant bien soin de vérifier que les mentions sont similaires sur l'original et sur la copie ;

- La lettre de saisine du Conseil national ;

- La lettre pour les membres étrangers au Conseil, appelés à siéger ou à participer ;

- La convocation de la juridiction disciplinaire par son Président ;

- La convocation du mis en cause pour comparution : *lettre recommandée (attention au mail) avec accusé de réception.* Le contenu, outre la date et le lieu de convocation, mentionne les *faits imputés* et leur *qualification.* Il est nécessaire de préciser au mis en cause son droit d'être assisté et, au besoin, d'indiquer d'avance à la juridiction la personne choisie pour l'assister comme conseil. Si le mis en cause a notifié à la formation disciplinaire le nom de son conseil avant la date de l'audience, ce dernier doit être convoqué ;

-Le procès-verbal portant mention de la décision (Avertissement, Blâme avec inscription au dossier, Interdiction temporaire d'exercer la profession pour une période de trois mois à deux ans ; Interdiction définitive d'exercer la profession) ;

- La preuve matérielle de la diffusion, de la publication de la décision ;

- Les actes par lesquels le mis en cause a exercé des recours contre la décision de la formation disciplinaire ;

- Les décisions rendues sur les recours du mis en cause ;

- L'acte de notification de la décision à l'intéressé.

E. LES VICES À ÉVITER

- Ne pas s'assurer de la complétude du dossier reçu du Rapporteur. Eviter de recevoir au niveau de la Formation disciplinaire un dossier incomplet ou comportant des omissions de signature, de date, entre autres : d'où l'intérêt d'une check-list des documents pour chaque étape de la procédure et un contrôle minutieux avant de décharger sur la copie du rapporteur.
- Utiliser des procédés non écrits.
- Ne pas s'assurer de l'existence d'un procès-verbal d'audition du mis en cause.
- Ne pas s'assurer de l'existence d'audition contradictoire (la procédure est contradictoire) bien documentée.

- Ne pas respecter le droit du mis en cause d'être assisté par un conseil de son choix ou faire une quelconque entrave à l'exercice de son droit de se défendre.

- Absence d'information du mis en cause sur son droit à une communication intégrale sur le dossier au moins 15 jours avant la date de comparution ou défaut de mise à disposition effective du dossier.

- Absence de document **écrit** prouvant que le mis en cause a été informé de son droit à une communication intégrale sur le dossier au moins 15 jours avant la date de comparution.

- Ne pas s'assurer de l'existence de document **écrit** prouvant que le mis en cause a bien joui de son droit à une communication intégrale du dossier au moins 15 jours avant la date de comparution, sauf renoncement actif ou passif.

- Ne pas s'assurer de l'existence du délai ferme de 15 jours au minimum entre la date mentionnée de communication intégrale du dossier au mis en cause et la date de convocation pour comparution.

- Émettre une convocation non ou mal informative du mis en cause ou sans accusé de réception.

- Ne pas s'assurer des moyens de défense du mis en cause

- Rendre publique l'instance lors de la comparution, ou plutôt ne pas veiller à ce qu'elle ne soit pas non publique: seule la présence de qui de droit doit être de rigueur ;

- La non-complétude de l'équipe de la formation disciplinaire.
- Le non-respect du huis clos lors de la délibération ;
- Le non-respect de la règle de la majorité simple lors de la délibération
- Le non-respect des règles de formes du procès-verbal portant prononcé de la décision.

CHAPITRE 5

CYCLE 4 : LA PHASE DE RECOURS

A. DISPOSITIONS LÉGALES :

Selon l'article 17 du Décret n° 2018-98 du 16 janvier 2018 relatif à la procédure devant le Conseil national de l'Ordre des médecins siégeant en qualité de juridiction disciplinaire,

« *Les décisions du Conseil national siégeant en formation disciplinaire, statuant à l'égard d'un médecin relevant de la section B, sont susceptibles d'appel devant la même formation disciplinaire composée de membres élus autres que ceux qui ont statué en première instance. Le délai d'appel est de quinze (15) jours à compter du* ***prononcé*** *de la décision.* »

Le décret reste cependant muet sur la manière de formaliser cet appel : comment le mis en cause doit-il interjeter appel ? À qui doit-il adresser son acte d'appel ? Son conseil peut-il le faire à sa place ?

Devant cette situation, la souplesse devrait être de rigueur et en principe un simple courrier adressé au Président de la Formation disciplinaire et exprimant de manière non équivoque la volonté du mis cause de faire appel contre la décision rendue à son égard.

Ce courrier pourrait émaner du mis en cause ou du conseil qu'il a constitué.

À propos des décisions rendues, l'article ci-avant évoqué précise qu'*« Elles peuvent également faire l'objet d'un pourvoi devant la Cour Suprême dans les conditions prévues par la loi organique relative à ladite Cour »*.

B. LES ÉTAPES DE LA PROCÉDURE ADMINISTRATIVE ET OUTILS :

Étape 1.- Lettre de recours en appel.

Étape 2.- Réception de la lettre de recours en appel avec enregistrement de la date et de l'heure.

Étape 3.- Vérification du respect du délai de 15 jours du recours en appel, délai qui court à compter du prononcé de la décision pour s'assurer de sa recevabilité.

Étape 4.- Lettre d'information du président de la Formation disciplinaire au Président de l'Ordre à propos du recours en appel introduit, pour suite et toutes démarches requises.

Étape 5.- Lettre du Président de l'Ordre au Président du Conseil de la section B pour information et éventuellement, si pertinent, sursis à exécution de la décision rendue en première instance.

Le délai de reconstitution de la deuxième équipe n'étant pas explicitement défini, le président pourrait le souhaiter dans les meilleurs délais avec une limite temporelle.

Outil 15 : Template de lettre de sursis à exécution par le Président de l'Ordre national des Médecins du Sénégal (ONMS).

TEMPLATE

EN-TETE DATE ET N°

À M. le Président du Conseil de section B

Objet : Information de recours en appel (et sursis à exécution)

Ref. : « Affaire M. ou Mme XXX c/ docteur XXX »

Madame, Monsieur

Le Président des Formations disciplinaires m'a fait part du recours en appel formulé par M. ou Mme. ou Dr XXXXXX, suite à la décision No xxxx en date du xx/xx/xx.

Vous voudrez bien, par conséquent, surseoir à (ou apprécier l'opportunité de) l'exécution de la décision prise en première instance.

Une copie de la présente sera jointe au dossier professionnel de l'intéressé tenu dans vos tableaux.

Veuillez recevoir nos salutations confraternelles.

Le Président de l'ONMS

Étape 6.- Notification à la partie adverse de l'introduction du recours en appel. La lettre de notification doit être régulièrement déchargée avec nom, prénoms, date et heure de réception, signature et éventuellement cachet, bien lisibles.

<u>Outil 16</u> : Template de lettre de notification de l'appel introduit par la partie adverse.

<u>TEMPLATE</u>
EN-TETE DATE ET N°

Au Docteur ou M. ou Mme xxxxxxxx

<u>Objet</u> : Notification de recours introduit par la partie adverse suite à la décision N° …
<u>Réf.</u> : « affaire M. ou Mme XXX c/ docteur XXX »

Madame, Monsieur,
Suite à la décision n° …../ 20XX ONMS/CsB/FoD rendue le xx/xx/xxxx. , la partie adverse a introduit auprès du Conseil de section B un appel par lettre en date du xx/xx/xxxx conformément aux dispositions de l'article 17 du Décret n° 2018-98 du 16 janvier 2018 relatif à la procédure devant le Conseil national de l'Ordre des médecins siégeant en qualité de juridiction disciplinaire, « *Les décisions du Conseil national siégeant en formation disciplinaire statuant à l'égard d'un médecin relevant de la section B sont susceptibles d'appel devant la même formation disciplinaire composée de membres élus autres que ceux qui ont statué en première instance* ».
Une convocation dans le cadre de cette nouvelle procédure vous sera prochainement adressée, en conformité aux dispositions en vigueur.
Veuillez recevoir nos salutations confraternelles.
<u>Le Président du Conseil de la section B</u>

Étape 7.- Constitution de la deuxième équipe :

a). Lettre du Président de la Formation disciplinaire au Président de l'Ordre pour la désignation des trois nouveaux membres, parmi les membres élus.

Outil 17 : Template de lettre de demande de reconstitution de la composition de la Formation disciplinaire en seconde instance.

TEMPLATE
EN-TETE — DATE ET N°

Au Président de l'Ordre National
Des Médecins du Sénégal

Objet : Reconstitution de la composition de Formation disciplinaire en appel suite à l'appel introduit par la partie adverse suite à la décision n° …
Réf. : « Affaire M. ou Mme XXX c/ docteur XXX »

Madame, Monsieur,
Suite à la décision n° …../ 20XX ONMS/CsB/FoD rendue le ….. , la partie adverse a introduit auprès du Conseil de section B un appel par lettre en date du xx/xx/xxxx conformément aux dispositions de l'article 17 du décret n° 2018-98 du 16 janvier 2018 relatif à la procédure devant le Conseil national de l'Ordre des médecins siégeant en qualité de juridiction disciplinaire, qui dispose que « *Les décisions du Conseil national siégeant en formation disciplinaire statuant à l'égard d'un médecin relevant de la section B sont susceptibles d'appel devant la même formation disciplinaire composée de membres élus autres que ceux qui ont statué en première instance* ».
Il vous plaira conformément aux dispositions de l'article xx de convoquer le conseil aux fins de choisir les membres de l'équipe de seconde instance.
Veuillez recevoir nos salutations respectueuses.

Le Président de la Formation disciplinaire

Étape 8.- Convocation par le président de l'Ordre du Conseil national en session ordinaire (ou en session extraordinaire) pour désigner les trois membres élus de la section B devant siéger dans la Juridiction disciplinaire en seconde instance.

- Le procès-verbal de la réunion doit répondre aux conditions administratives requises.

Étape 9.- Le Président de l'Ordre va formaliser ces désignations par lettre adressée au Président des Formations disciplinaires avec en annexe une copie du procès-verbal de délibération (ou un extrait, selon le type de session, ordinaire ou extraordinaire) du Conseil national.

Outil 18 : Template de lettre réponse du président de l'ONMS au président des formations disciplinaires pour les nouveaux membres.

TEMPLATE
EN-TETE   DATE ET N°

Au Président des Formations disciplinaires

Objet : Reconstitution de la composition de Formation disciplinaire en appel suite à l'appel introduit par la partie adverse suite à la décision n° …
Réf. : V/L en date du xx/xx/xx « Affaire M. ou Mme XXX c/ docteur XXX »

M. Le Président,
Suite à votre lettre sus référencée, je vous prie de trouver ci-jointe la liste des trois membres élus du Conseil de section B désignés par le Conseil national, lors de sa session ordinaire (ou extraordinaire) du xx/xx/xxxx pour siéger dans la formation disciplinaire en seconde instance dans l'affaire sus évoquée.
Veuillez recevoir nos chaleureuses salutations.
PJ   Le Président de l'ONMS
-extrait PV

Étape 10.- Convocation par le Président des formations disciplinaires de la nouvelle équipe juridictionnelle pour prise de connaissance du dossier de la procédure et autres modalités pratiques.

Étape 11.- La reconduction ou non du rapporteur pourrait se poser et trouver réponse à formaliser. Pour assurer le respect de la présomption d'innocence, il serait préférable de désigner un nouveau rapporteur qui n'aura jamais connu de ce dossier.

Étape 12.- Convocation du mis en cause pour comparution.

Étape 13.- Délibération et décision.

Étape 14.- Notification de la décision au mis en cause.

Étape 15.- Notification de la décision au Président de l'Ordre et diffusion.

Étape16.- Le Président de l'Ordre instruit le Président du Conseil de la section B pour exécution de la *décision :*

- Inscription dans le dossier de l'intéressé (avertissement ; blâme)
- Suspension ou radiation tableau

Étape 17.- Publicité

Il est exigé la publication dans deux numéros du Journal officiel en cas de décision de radiation.

C. LES ACTEURS CLÉS DE LA PROCÉDURE

-Les deux parties en conflit ;

-Le président de la formation disciplinaire ;

-Les autres membres de la formation disciplinaire ;

-Le président de l'Ordre ;

-Le Conseil national ;

-Le Président du Conseil de section B.

D. LES DOCUMENTS

- La lettre de recours ;

- Le cahier de transmission avec enregistrement de la lettre de recours, précisant les date et heure ;

-La lettre de notification à la partie adverse du recours ;

-Le procès-verbal du Conseil national pour la désignation des nouveaux membres

-La convocation par le président de la seconde équipe et prise de connaissance du dossier de la procédure ;

-La convocation du mis en cause pour comparution ;

-Le procès-verbal de délibération et la décision de la formation disciplinaire ;

-La lettre de notification de la décision au mis en cause ;

-La lettre de notification de la décision au Président de l'Ordre et diffusion ;

-La lettre du Président de l'Ordre au Président du Conseil de section pour exécution de la décision, le cas échéant ;

-La publication à deux numéros du Journal officiel en cas de décision de radiation.

E. LES VICES À ÉVITER

- Procédés non écrits : téléphone, entretien non transcrit ;
- Procédure non contradictoire ;
- Non-respect du délai de recours en appel de 15 jours ;
- Convocation du mis en cause ne respectant pas les règles ;
- Entrave aux droits de la défense ;
- Reconduction de la même équipe juridictionnelle qu'en première instance ou même d'un seul membre élu (le magistrat, conseiller juridique de l'Ordre demeure le Président) ;
- Non-complétude de l'équipe juridictionnelle.
- Absence de huis clos.

ANNEXE

REPUBLIQUE DU SENEGAL
Un Peuple-Un But-Une Foi

Ministère de la Santé
et de l'Action Sociale

décret relatif à la procédure devant le Conseil national de l'Ordre des médecins siégeant en qualité de juridiction disciplinaire

RAPPORT DE PRESENTATION

Personne morale de droit public, l'Ordre des Médecins est la plus haute autorité professionnelle en matière médicale.

Il veille au maintien des principes de moralité, de qualité et de dévouement indispensables à l'exercice de la médecine. Il est chargé aussi de vérifier l'application par tous ses membres des devoirs professionnels et des règles édictées par le Code de Déontologie. Il assure également la défense de l'honneur et des traditions de la profession médicale et donne son avis aux pouvoirs publics en ce qui concerne la législation et la réglementation médicale et en général sur toutes les questions intéressant la Santé Publique et la politique médicale sur lesquelles il est consulté par le Gouvernement.

Les organes de l'Ordre des Médecins sont les conseils de Section, le Conseil national de l'Ordre, le Président de l'Ordre et les formations disciplinaires.
Le Conseil national de l'Ordre, statuant en formation disciplinaire, siège en tant que Conseil de discipline en vue de donner son avis sur une sanction à infliger à un médecin relevant de la Section A. Il statue en tant que Juridiction disciplinaire en vue de se prononcer sur des poursuites contre un médecin relevant de la Section B.

Pour la procédure suivie devant le Conseil national de l'Ordre siégeant en qualité de juridiction disciplinaire, l'article 44 de la loi n° 66-69 du 04 juillet 1966 relative à l'exercice de la médecine et à l'Ordre des médecins a renvoyé à un décret d'application pour sa réglementation.

Ce décret n'a jamais été pris. Le présent projet de décret a pour objet de combler ce vide afin de permettre à l'Ordre d'exercer pleinement ses missions. Il vient préciser la procédure à suivre devant le Conseil national de l'Ordre siégeant en qualité de juridiction disciplinaire.

Telle est l'économie du présent projet de décret.

Le Ministre de la Santé et de l'Action sociale

1

REPUBLIQUE DU SENEGAL
Un Peuple-Un But-Une Foi

Décret n° 2018-98
relatif à la procédure devant le Conseil national de l'Ordre des médecins siégeant en qualité de juridiction disciplinaire

LE PRESIDENT DE LA REPUBLIQUE,

VU la Constitution ;

VU la loi n° 66-69 du 04 juillet 1966 relative à l'exercice de la médecine et à l'Ordre des médecins, modifiée par la loi n° 77-110 du 26 décembre 1977;

VU le décret n° 67-058 du 04 janvier 1967 portant création de la Commission chargée de la constitution initiale des tableaux des sections de l'Ordre des médecins, modifié par le décret n°68-439 du 22 avril 1968 ;

VU le décret n° 68-701 du 18 juin 1968 portant application de la loi n°66-69 du 04 juillet 1966 relative à l'exercice de la médecine et à l'Ordre des médecins ;

VU le décret n° 2017-1531 du 06 septembre 2017 portant nomination du Premier ministre ;

VU le décret n° 2017-1533 du 07 septembre 2017 fixant la Composition du Gouvernement ;

VU le décret n° 2017-1546 du 08 septembre 2017 portant répartition des services de l'Etat et du contrôle des établissements publics, des sociétés nationales et des sociétés à participation publique entre la Présidence de la République, la Primature et les Ministères ;

VU le décret n° 2017-1575 du 13 septembre 2017 relatif aux attributions du Ministre de la Santé et de l'Action sociale :

VU l'avis du Conseil de l'Ordre en sa séance du 28 mai 2016 :

Sur le rapport du Ministre de la Santé et de l'Action sociale,

DECRETE :

Article premier. - Le présent décret pris en application de l'article 44 de la loi n° 66-69 du 04 juillet 1966 relative à l'exercice de la médecine et à l'ordre des médecins, fixe la procédure suivie devant le Conseil national de l'Ordre des médecins siégeant en qualité de juridiction disciplinaire.

1

Article 2.- Tout médecin relevant de la section B de l'Ordre peut être déféré au Conseil national de l'Ordre siégeant en formation disciplinaire :
- s'il a commis un acte contraire aux règles de la déontologie professionnelle ou à la présente loi ;
- s'il a été condamné par une juridiction pénale pour un crime ou un délit autre qu'une infraction politique ;
- s'il a commis un acte contraire à l'honneur ou à la probité ou s'il a une conduite habituelle incompatible avec la dignité professionnelle.

Article 3.- Le droit de déférer un médecin inscrit au tableau de la Section B au Conseil national de l'Ordre siégeant en formation disciplinaire appartient au Ministre chargé de la Santé et au Conseil de la Section B.
Ces autorités peuvent agir d'office ou sur la plainte d'un tiers sur dénonciation.

Article 4.- Les formations disciplinaires sont présidées par le magistrat du siège, visé à l'article 23 de la loi n° 66-69 du 04 juillet 1966 qui a une voix délibérative.

Article 5.- Le Conseil de section auquel est inscrit le médecin est compétent pour recevoir la plainte.

Article 6.- Toute plainte déposée au Conseil de section, est enregistrée à la date de sa réception. Un numéro lui est attribué et un accusé de réception est délivré.

Article 7.- Le Président de la Section B informe immédiatement le mis en cause par tout moyen laissant trace écrite.

Article 8.- Aucune sanction disciplinaire ne peut être prononcée sans que le médecin mis en cause n'ait été entendu au préalable.
La procédure est écrite, contradictoire, non publique.

Article 9.- Le Président de la Section B choisit un rapporteur parmi les membres du Conseil lorsqu'il siège en formation disciplinaire conformément à l'article 25 de la loi n°66-69 précitée.

Article 10.- Le rapporteur est habilité à procéder, si nécessaire, à un complément d'informations en auditionnant le mis en cause ou en procédant à toute investigation utile.

Article 11.-Le médecin mis en cause est convoqué à une date indiquée, par lettre recommandée avec accusé de réception.
La convocation mentionne les faits imputés et leur qualification.

Article 12.- Le médecin a droit à la communication intégrale de son dossier quinze (15) jours au moins avant sa comparution devant le Conseil de l'Ordre.

2

Article 13.- Tout médecin convoqué est tenu de se présenter personnellement.

Il a le droit de se faire assister par un pair ou un conseil de son choix.

En cas d'empêchement reconnu et justifié, il peut demander un report de date, ou se faire représenter par un pair ou un conseil de son choix.

Article 14.- Au jour fixé par la convocation et après lecture du rapport, le médecin mis en cause est invité à fournir ses explications et moyens de défense sur les faits qui lui sont reprochés.

La formation disciplinaire délibère à huis clos à la majorité des membres.

Article 15.- La preuve de la matérialité des faits reprochés au médecin se fait par tout moyen.

Article 16.- Les décisions de radiation sont publiées dans deux numéros du Journal officiel.

Article 17.- Les décisions du Conseil national siégeant en formation disciplinaire statuant à l'égard d'un médecin relevant de la section B sont susceptibles d'appel devant la même formation disciplinaire composé de membres élus autres que ceux qui ont statué en première instance. Le délai d'appel est de quinze (15) jours à compter du prononcé de la décision.

Elles peuvent également faire l'objet d'un pourvoi devant la Cour Suprême dans les conditions prévues par la loi organique relative à ladite Cour.

Article 18.- Le Ministre chargé de la Santé procède à l'exécution du présent décret qui sera publié au Journal officiel.

Fait à Dakar, le **16 janvier 2016**

Macky SALL

Par le Président de la République

Le Premier Ministre

Mahammed Boun Abdallah DIONNE

3

TABLE DES MATIÈRES

Structures éditoriales du groupe L'Harmattan

L'Harmattan Italie
Via degli Artisti, 15
10124 Torino
harmattan.italia@gmail.com

L'Harmattan Hongrie
Kossuth l. u. 14-16.
1053 Budapest
harmattan@harmattan.hu

L'Harmattan Sénégal
10 VDN SICAP AMITIE 3
BP 45034 Dakar-Fann
direction@senharmattan.com

L'Harmattan Cameroun
Tsinga/Derrière polyclinique FECAFOOT
BP 11486 Yaoundé
Jacques.koukam@harmattan.fr

L'Harmattan Burkina Faso
Villa 281, secteur 23 623, rue 14.32
Ouagadougou
zagbie@outlook.fr

L'Harmattan Guinée
Almamya, rue KA 028 OKB Agency
BP 3470 Conakry
harmattanguinee@yahoo.fr

L'Harmattan RDC
185, avenue Nyangwe
Commune de Lingwala – Kinshasa
matangilamusadila@yahoo.fr

L'Harmattan Congo
219, avenue Nelson Mandela
BP 2874 Brazzaville
deunovmikhael@gmail.com

L'Harmattan Mali
Immeuble Mgr Jean Marie Cissé
Aci Hamadallaye
BP 145 Bamako
syllaka@yahoo.fr

L'Harmattan Togo
Djidjole – Maison Amela
face EPP BATOME
02 BP 20680 Lomé
didieramela11@gmail.com

L'Harmattan Côte d'Ivoire
Résidence Karl – Cité des Arts
Abidjan-Cocody
03 BP 1588 Abidjan
harmattan.ivoire@gmail.com

L'Harmattan Bénin
Rue 604, (Immeuble à l'entrée
de la rue UCAO- Cite de Saint-Jean)
Cotonou
stepcorpus@gmail.com

Nos librairies en France

Librairie internationale
16, rue des Écoles
75005 Paris
librairie.internationale@harmattan.fr
01 40 46 79 11
www.librairieharmattan.com

Librairie des savoirs
21, rue des Écoles
75005 Paris
librairie.sh@harmattan.fr
01 46 34 13 71
www.librairieharmattansh.com

www.ingramcontent.com/pod-product-compliance
Lightning Source LLC
LaVergne TN
LVHW051410061026
849535LV00009B/3470
* 9 7 8 2 3 3 6 4 8 4 8 1 5 *